LES

FONDATEURS DE LORIENT

RÉPONSE A M. LECOQ-KERNEVEN

AUTEUR DE

GÉNÉALOGIE ET ANNALES DE LA MAISON DONDEL DE SILLÉ, ETC.

PAR

FR. JÉGOU

AUTEUR DE

L'HISTOIRE DE LA FONDATION DE LORIENT

NANTES

IMPRIMERIE VINCENT FOREST ET ÉMILE GRIMAUD

Place du Commerce, 4

LES FONDATEURS DE LORIENT

LES
FONDATEURS DE LORIENT

RÉPONSE A M. LECOQ-KERNEVEN

AUTEUR DE

GÉNÉALOGIE ET ANNALES DE LA MAISON DONDEL DE SILLÉ, ETC.

PAR

FR. JÉGOU

AUTEUR DE

L'HISTOIRE DE LA FONDATION DE LORIENT

NANTES

IMPRIMERIE VINCENT FOREST ET ÉMILE GRIMAUD

Place du Commerce, 4

LES FONDATEURS DE LORIENT

En publiant, en 1870, l'*Histoire de la fondation de Lorient,* j'eus pour but de combler une lacune considérable qui se faisait remarquer dans tous les écrits concernant cette jeune cité, même dans les œuvres les plus récentes, celles de MM. Mancel (1861) et Hébert (1866). Comment la Compagnie des Indes orientales fut amenée à s'établir au Portlouis, puis sur la lande du Faouëdic-Lisivy ; — quels furent les premiers administrateurs, les premiers agents, les premiers ouvriers qui concoururent, qui coopérèrent à la fondation de cet établissement national ; — comment se passèrent les premières années de Lorient, c'est ce qu'aucun écrivain n'avait encore raconté. Cette première phase était encore ténébreuse, vague, ou bien, ne sortait du vague ou des ténèbres que pour faire fausse route. Mon livre eut pour but de redresser des erreurs et de dissiper l'obscurité qui entourait les origines de notre florissante cité bretonne. Avais-je atteint complétement mon but ? Pouvais-je m'en flatter ? — Je ne me dissimulais pas que plus d'un document intéressant avait dû échapper à mes patientes recherches, et qu'à la longue de nouvelles et utiles découvertes viendraient s'ajouter aux miennes, complétant mon œuvre et dégageant sa marche de certaines entraves que j'y remarquais. Cependant, malgré des défectuosités, inévitables peut-être dans une œuvre originale, je crus faire une chose utile en offrant à mes compatriotes le fruit d'un long labeur, accompli au milieu de sérieuses difficultés.

Pourquoi le nier ? Je me crus d'autant plus autorisé à penser que mes travaux avaient été appréciés favorablement, que la presse bretonne et des hommes de haute distinction et d'une notoire compétence daignèrent m'adresser leurs félicitations. Comment, en effet, me défendre de cette heureuse impression, lorsqu'un éminent magistrat honorait mon livre de ce jugement flatteur :

« ... J'ai lu l'*Histoire de la fondation de Lorient* avec
» autant d'intérêt que de profit. Cet ouvrage considérable,
» où d'éminentes qualités d'écrivain s'unissent à celles du
» penseur, m'a paru renfermer pour nos chroniques bre-
» tonnes les plus curieux éclaircissements. A l'attrait élevé
» qui s'attache à toute histoire bien faite, se joint, dans
» cette œuvre très-remarquable, un charme particulier
» pour nos compatriotes... (Signé) J\u1d34 B.... »

Comment, je le répète, ne pas être persuadé que l'*Histoire de la fondation de Lorient* était un livre consciencieux, utile, lorsque la *Revue de Bretagne et de Vendée*, dans un article de trois pages, en faisait cette appréciation :

« L'*Histoire de la fondation de Lorient*, appuyée sur
» des documents authentiques, est une œuvre originale et
» complétement neuve, qui détruit un grand nombre d'er-
» reurs accréditées, et présente, sous son véritable jour,
» l'origine et les transformations, au milieu d'une foule

» d'obstacles et de vicissitudes, de ce vaste établissement
» national... — Cette histoire de Lorient touche à toute
» notre histoire bretonne et même par bien des points à
» l'histoire générale... — C'est là une lecture salutaire et
» fortifiante... Nous ne voulons pas être les derniers à
» recommander vivement un pareil travail, fruit de pa-
» tientes recherches, vivifié par l'amour du sol breton et
» de nos gloires nationales. (Signé) LOUIS DE KERJEAN ([1]). »

Eh bien ! je m'étais étrangement abusé, ou plutôt j'avais
surpris la bonne foi de tout le monde. Cette œuvre originale et complétement neuve m'a été inspirée par l'adminis-

[1] Mon livre, sous-intitulé *Etude archéologique*, fut présenté au concours
provincial académique de 1870, année consacrée aux ouvrages archéologiques.
Mais cette œuvre fut écartée du concours comme présentant un caractère plutôt
historique que archéologique : peut-être la différence qui existe entre un anti-
quaire et un archéologue ne fut-elle pas assez observée dans cette décision. Quoi
qu'il en soit, la lettre d'avis que je reçus de mon échec était conçue en termes
tellement honorables que je me consolai de ce qui était, à mes yeux, une erreur
de la commission. Voici cette lettre :
« Monsieur et honoré collègue, — les travaux de la commission appelée à juger
» les œuvres archéologiques envoyées au concours m'ont amené à Rennes en
» qualité de délégué de la Société polymathique du Morbihan. — Votre brochure
» a produit l'impression la plus favorable ; plusieurs des membres du jury ont
» dit hautement tout le bien possible de votre œuvre ; mais le travail, étant his-
» torique et non archéologique, ne rentrait pas dans les conditions du concours
» de cette année. On l'a réservé pour le concours du prix d'histoire qui aura
» lieu en 1872. — Si, l'année dernière, vous aviez envoyé votre *Histoire de Lo-*
» *rient,* vous aviez les plus grandes chances de voir couronner ce livre. Mais ces
» chances ne sont pas perdues par l'effet du retard, et aujourd'hui, dans une
» conversation particulière, un des professeurs de la Faculté m'a prié de vous
» dire quand je vous écrirai combien la lecture de vos pages l'avait intéressé. —
» Je suis heureux d'avoir à vous transmettre un témoignage aussi flatteur et aussi
» consciencieusement exprimé. — Veuillez bien agréer, etc... — (Signé) *Le Pré-*
» *sident de la Société polymathique,* BURGAULT, avocat à Vannes. — Rennes, le
» 17 juin 1870. »
En 1872, pas de concours provincial académique ; mais concours général des
départements, tenu à Paris, au mois d'avril 1873. L'*Histoire de Lorient* voulut
participer à la fête ; mais elle en fut encore exclue, cette fois par le motif qu'elle
était imprimée !

tration du Commissariat de la Marine ; peut-être même cette administration m'en a-t-elle fourni le texte, ou me l'a-t-elle dictée !... « L'*Histoire de la fondation de Lo-*
» *rient* est une œuvre *malveillante,* remplie d'aberrations,
» dans laquelle l'auteur n'a pas pu entrevoir la vérité à
» travers le voile épais de ses préventions... — Il y a dans
» les récits de cet historien des serpents qui sifflent... —
» Par un art perfide, il a pu transformer en habileté de
» spéculateurs le concours de deux éminents citoyens...
» —. Ce n'est pas de l'histoire qu'il a écrit ; il est rare de
» montrer un esprit plus prévenu. Dans tous les faits re-
» tournés il y a des serpents qui sifflent, qui donnent aux
» mots un langage, un autre air que celui de la vérité...
» — C'est un œuvre ridicule qui se termine en queue de
» poisson, ou en queue de rat... »

Ouf ! Plus de masque ; je suis enfin dévoilé ! Impossible de le nier ; c'est dit, c'est écrit, imprimé, publié en un gros volume de 428 pages in-8°, sorti, comme mon pitoyable livre, des presses de M. Leroy fils, de Rennes, intitulé : *Généalogie et annales de la maison Dondel de Sillé, où l'on voit l'origine et la fondation de la ville de Lorient.* Bretagne — par M. J.-M.-R. Lecoq-Kerneven — 1874. Titre qui eût été plus complet, si l'auteur avait fait suivre les mots *où l'on voit,* de ceux-ci : *l'aberration, la malveillance et la perfidie de M. F. Jégou, etc.*

Cet ouvrage, paraît-il, n'a été tiré qu'à cent exemplaires ; mais la bibliothèque de la ville de Lorient, par une délicate attention de l'auteur, a été dotée de l'un des précieux volumes. Un compatriote et ami de M. Lecoq, habitant Lorient depuis 1852, possède, dit-on, un autre exemplaire du même livre, orné d'un autographe ainsi

conçu : « Hommage de la part de la famille, témoig (sic) et
» souvenir de profonde affection de l'auteur (signature),
» Lecoq Kerneven. » L'exemplaire porte le n° 1er du tirage.
Bref, en ce moment, Lorient a l'avantage de posséder au-
moins deux exemplaires d'un ouvrage dans lequel l'auteur,
M. Lecoq, s'est cru autorisé à soutenir *unguibus et rostro,*
et à déclarer *urbi et orbi,* que l'auteur de l'histoire de la
fondation de Lorient a été *aveugle, téméraire, insensé,
malveillant et perfide ,* à la plus grande gloire de l'administration du commissariat de la Marine ; en l'accablant
sous une avalanche de lettres capitales, et en le criblant
de points d'exclamation, ou plutôt d'indignation, que ledit
M. Lecoq confond peut-être avec les dards de l'animal
africain qui fait l'ornement du blason Dondel, le porc-épic.

Une fois revenu de cet accablement, et un peu sorti de
stupeur ; après m'être bien examiné, je me dis : Qu'ai-je
donc fait, grand Dieu ! pour justifier de tels procédés ? En
quoi l'histoire de la fondation de Lorient a-t-elle pu m'attirer les dédains, les mépris, les injures, les foudres de **M.**
Lecoq ? Quel a été mon crime, pour servir de cible à l'ar-
tillerie des points d'exclamation et des majuscules de
l'auteur de la généalogie Dondel ?

Ah ! c'est que j'ai omis *intentionnellement* Thomas
Dondel, sieur de Brangolo, dans le nombre des principaux
fondateurs de Lorient : chose grave !

Et que, chose plus grave encore, j'ai osé dire que le
même Thomas Dondel, associé de François de **la Pierre**
sieur des Salles son beau-frère, les deux commerçants
demeurant ensemble rue Neuve, à Hennebont, achetèrent
la seigneurie du Faouëdic-Lisivy en 1667, c'est-à-dire
plusieurs mois après le premier établissement de la compagnie au Faouëdic, *par spéculation !*

Ce sont ces crimes qui ont motivé les accusations d'aberration, insigne fausseté, malveillance, perfidie, etc., dont m'accable M. Lecoq-Kerneven ; et qui l'ont porté à insinuer que j'avais reçu une histoire émanant d'une source particulière, c'est-à-dire, de l'administration du commissariat de la Marine.

Quoi qu'il en soit, avant de me reconnaître coupable, avant de faire un *meâ culpâ,* je vais, si M. Lecoq le permet, me livrer à un examen de conscience. Je m'efforcerai d'être bref, et surtout plus modéré et plus *parlementaire.*

Essayer de répondre aux innombrables critiques dirigées contre l'histoire de la fondation de Lorient par M. Lecoq, justifier à ses yeux un livre qui ne contient qu'erreurs et mensonges, est une entreprise inutile à laquelle il faut renoncer. Il convient également de passer sous silence la partie purement généalogique de son œuvre : respectons sur ce point, même dans ses erreurs et ses exagérations palpables, un ouvrage qui, après tout, a pour excuse un sentiment honorable sans doute, mais, hélas ! trop souvent aveugle : *l'amour paternel,* puisque les petits enfants de M. Lecoq portent le nom de *Dondel du Faouëdic.* Je veux, dans cette note, me borner simplement à l'examen des assertions et des insinuations qui atteignent directement, non-seulement la vérité historique, mais encore ma considération personnelle et mon honneur d'écrivain.

Pour entrer en matière, il serait peut-être utile de re-

produire *in-extenso* le premier chapitre de la généalogie
Dondel, intitulé *Préliminaires*, que l'auteur fait précéder
de cette épigraphe : *La vérité toujours demeure ;* mais de
simples extraits suffiront, je l'espère, pour faire connaître
les tendances de l'écrivain et éclairer cette discussion.

« Les annales de la maison Dondel de Sillé, établie en
» Bretagne, n'étaient point destinées à être publiées...
» Mais le nom de cette famille est étroitement lié à la fon-
» dation de l'une des plus belles et des plus importantes
» cités de notre Bretagne. — Dans les derniers temps, on
» s'est beaucoup occupé de rechercher à qui appartient
» l'honneur d'avoir contribué à la génération de cette belle
» cité qui s'appelle Lorient, l'une des reines du littoral
» armoricain....

» Si l'auteur des dernières données historiques sur Lo-
» rient eût discerné avec soin les véritables fondateurs et
» eût avec équité attribué à chacun des coopérateurs la
» part d'honneur qui lui appartient, à coup sûr ce livre
» n'aurait pas vu le jour.

» Mais loin de là, cet auteur a écrit sous une seule
» préoccupation. Dans un précédent travail, il s'était
» d'abord engagé dans la voie directe en suivant le sol pas
» à pas ; en étudiant les hommes prépondérants du pays au
» moment où, vers la fin de l'année 1664, commencement
» de 1665, la compagnie des Indes orientales choisissait
» Port-Louis pour y établir son principal centre d'action
» sur l'Océan ; en écoutant les anciens du pays ; en inter-
» rogeant avec sagacité la tradition elle-même, qui dans
» son sein renferme toujours un grand fonds de vérité ;
» mais il s'est tout à coup détourné des sentiers qu'il
» avait d'abord suivis et a rompu tous les fils qui devaient
» le guider. »

Ainsi s'exprime M. Lecoq, en ses préliminaires. En résumé, selon lui, je n'ai su discerner ni avec soin, ni avec
équité les véritables fondateurs de Lorient... En cela, je
me suis écarté de la voie directe que j'avais d'abord suivie
en un *précédent travail,* etc.

Quel est donc ce précédent travail favorisé de l'approba-
tion de M. Lecoq? Le silence de cet auteur sur ce sujet est
regrettable ; ce ne peut être de sa part que le résultat d'un
oubli que je m'empresse de réparer; je fournirai ainsi au
lecteur le moyen facile de vérifier la valeur des allégations
et des prétentions élevées contre mon livre. Il s'agit d'une
brochure de 140 pages in-8°, publiée en 1863, sans nom
d'auteur, par M. Édouard Corfmat, imprimeur-éditeur à
Lorient, sous ce titre : *Le Faouëdic-Lisivy, étude intro-
ductive à l'histoire de Lorient.*

L'auteur anonyme de cet essai historique eut pour objet
de pénétrer l'obscurité des origines lorientaises ; de peser
le degré de confiance que l'on pouvait accorder à certaines
légendes ou traditions, parasites attachés au berceau de la
principale cité morbihannaise ; de rechercher enfin à quels
seigneurs ou propriétaires avait appartenu le Faouëdic-
Lisivy, et en quelles mains ce domaine féodal se trouvait
au moment de l'arrivée de la Compagnie des Indes orientales sur ses dépendances : toutes choses que M. Mancel,
ancien préfet, *un ancien du pays* cependant, n'avait pas
suffisamment élucidées ou qu'il avait même complétement
négligées en sa *Chronique lorientaise,* publiée à Lorient
en 1861, chez M. Gousset, imprimeur-libraire.

A cette époque, 1863, remarque importante, je n'avais
pas encore découvert les procès-verbaux de prise de possession de la baie de Rohellec-bec-er-Roheu, du 30 août

1666 ; et il était généralement admis que les premiers actes de la Compagnie, sur les bords du Scorff, dataient de l'année 1667.

« C'est précisément vers cette époque, 15 juillet 1667, remarque M. Mancel, que Thomas Dondel, sieur de Brangolo, venait d'acquérir cette propriété du Faouëdic... L'acquisition de l'enclos de la Compagnie fut-elle faite avant le 15 juillet 1667 de M. de Kerollain, ou après cette mutation de M. Dondel ? C'est ce que nous n'avons pu découvrir (¹)... »

Dans l'état d'incertitude où l'on se trouvait sur le moment précis de l'arrivée de la Compagnie au Faouëdic, on pouvait admettre avec M. Mancel que les deux acquéreurs du Faouëdic, Dondel et de la Pierre, coopérèrent à cet acte intéressant. Aussi, l'auteur de la brochure de 1863 crut devoir comprendre ces deux beaux-frères dans la partie de son travail consacrée aux seigneurs de ce domaine privilégié. L'article biographique Dondel contient le détail de l'affaire Mazarin, de Malnoë et Dondel, reproduite par M. Lecoq, qui omet d'indiquer où il a puisé cet épisode suivi dans la brochure de certaines observations qu'il importe de répéter ici :

« Et maintenant, voici comment cet incident se lierait » à l'histoire de Lorient. — D'après une tradition, *sortie*

(¹) M. Hébert, en son *Histoire du port de Lorient,* écrite au mois de mai 1866, s'exprime ainsi sur le même sujet :

« La terre du Faouëdic, de laquelle dépendait la lande que devait occuper l'arsenal, appartenait à cette époque au sieur Thomas Dondel, qui en était devenu acquéreur le 15 juillet 1667. *C'est probablement à lui que la Compagnie s'adressa pour traiter de l'achat d'une portion de la lande. Les documents manquent sur ce traité...* »

On le voit, on supposait toujours l'intervention Dondel, *parce que les documents manquaient.*

» *de la famille Dondel peut-être,* cette injustice aurait
» suggéré aux sieurs Dessalles et Brangolo l'idée d'attirer
» hors de Portlouis l'établissement de la Compagnie des
» Indes, cause principale de l'accroissement (du produit)
» des impôts sur les boissons dans cette place, de manière
» à atténuer leur perte et à nuire à leur oppresseur le duc
» de Mazarin ; et ce serait à leurs efforts, à leur influence
» que serait due la création des chantiers du Faouëdic,
» origine de Lorient... — Nous connaissions le fond de cette
» tradition, mais sans y attacher la moindre importance ;
» nous l'eussions certainement passée sous silence, sans la
» découverte que nous avons faite de toute l'intrigue, de
» toutes les exactions des Malenoë et Mazarin contre Don-
» del, de la Pierre et Bréart, dans les pièces d'un procès....
» — Aussi , *sans toutefois ni admettre ni rejeter Dondel*
» *comme le fondateur de Lorient,* nous croirions commet-
» tre une nouvelle injustice envers sa mémoire, en omet-
» tant de rappeler la tradition qui se rattache à son nom...—
» Après tout, si le nom de Dondel ne devait pas être lié si
» étroitement à l'origine de Lorient, rappelons-nous qu'il
» a des titres plus grands et plus certains à l'honneur de
» figurer au premier rang des annales de cette ville : le sol
» de l'église Saint-Louis, celui des places et des halles qui
» l'entourent, a été donné par le fils de Thomas Dondel. »
(Pages 117 et suivantes.)

Je le répète, l'article biographique dont il s'agit fut écrit
dans un moment où il était généralement admis que Thomas Dondel était propriétaire du Faouëdic-Lisivy lors de
l'arrivée en ces lieux de la Compagnie des Indes orientales;
et cependant ce fut avec la plus grande réserve, avec une
extrême circonspection que je donnai place en cet article

(j'oubliais de me reconnaître l'auteur de la brochure) à la tradition sortie de la famille Dondel peut-être, qui fait intervenir Thomas Dondel dans l'introduction de la Compagnie sur le Faouëdic : tradition intéressante et cependant négligée jusqu'à ce moment, ou demeurée inconnue de M. Mancel, qui ne lui a pas donné place en sa *Chronique lorientaise.*

Malgré mes réserves formelles, je le répète, M. Lecoq se montre satisfait ; il déclare sans restriction que je m'étais engagé dans la *voie directe,* et que si je m'étais abstenu de publier, sept ans après, l'*Histoire de la fondation de Lorient,* où je ne daigne même pas rappeler la tradition Dondel, dont je fus le premier éditeur, *à coup sûr son livre n'aurait pas vu le jour*...

Qui trompe-t-on ici ? pourrais-je m'écrier comme certain personnage comique. Et en effet, lorsque l'auteur de la *Généalogie Dondel* signalait ce qu'il nomme « mon changement de vue », il connaissait depuis longtemps les documents qui s'opposent à ce qu'il soit accordé la moindre créance à la tradition qui lui est si chère. Je m'explique.

Dès 1866, je publiai, dans le journal de Lorient le *Courrier de Bretagne,* les procès-verbaux du mois d'août 1666, qui sont reproduits *in extenso* dans l'*Histoire de la fondation de Lorient,* documents importants dont les originaux me furent communiqués, non par l'administration de la Marine, qui en ignorait l'existence, mais par Mme Chaigneau, née le Milloch de Brangolo, qui les possède encore. Aux personnes impartiales, ces titres historiques ne laissent entrevoir aucune intervention particulière, soupçonner aucune influence locale, pas plus de Thomas Dondel que de toute autre personne du pays, dans l'acte de prise de possession de l'établissement du Faouëdic ; cela est **sans** doute regrettable pour « les nobles fils de la Bretagne », mais c'est la vérité, et « l'ostracisme des enfants du pays », qui fait gémir M. Lecoq-Kerneven (p. 94), n'existe que dans son imagination.

Examinons, au surplus, cette phase de la fondation de Lorient pour vérifier les allégations de M. Lecoq, absorbé dans une idée fixe.

En 1666, Thomas Dondel ne possédait rien sur les bords du Scorff, quoi qu'en dise mon contradicteur ; du moins, de minutieuses recherches, résumées pages 128 et suivantes de mon livre, ne confirment pas les assertions contraires. Quoi qu'il en soit, il a le désir d'acquérir le Faouëdic ; mais le moment de la vente est encore indéterminé ; en tout cas, peut-il avoir la certitude d'en devenir l'acquéreur ? Cela est inadmissible : Thomas Dondel était homme d'expérience, il ne pouvait s'abuser sur les difficultés qui pouvaient surgir, notamment sur les effets du droit de retrait susceptible d'être exercé, tant par les héritiers de Jégado que par le prince de Guémené, seigneur supérieur ; M. Lecoq sait parfaitement cela. Quant à la garantie offerte par Dondel et à son engagement de devenir acquéreur du Faouëdic, pouvaient-ils être pris en sérieuse considération par la Compagnie et exercer une influence déterminante sur elle ? Évidemment non. Toute promesse, tout engagement de Dondel à ce sujet eussent été sans la moindre valeur et sans le moindre effet moral : il serait puéril de soutenir le contraire. A quoi bon, d'ailleurs, ces garanties, du moment que le sénéchal d'Hennebont ne contestait pas à la Compagnie le pouvoir d'exproprier que lui conférait l'ordonnance du mois de juin 1666 ? Quel besoin aurait-on eu de l'appui moral de Dondel ou de tout autre, lorsque l'on pouvait se fonder, pour s'établir au Faouëdic, sur l'arrêt du Conseil d'État du Roi, du 14 décembre 1664, accordant à la Compagnie la faculté de bâtir ses vaisseaux où elle voudrait, avec défense à toute personne de s'y opposer, à peine de dix mille livres d'amende : arrêt que M. Lecoq a lu page 36 de mon livre ?

S'il faut en croire l'auteur de la généalogie Dondel, le sieur de Brangolo aurait en quelque sorte amené le directeur général Langlois sur la lande du Faouëdic et lui aurait dit : « C'est ici qu'il convient que vous installiez vos chantiers de constructions navales ; ce sol ne peut encore être vendu, parce qu'il est sous la main de justice ; mais, soyez sans inquiétude à cet égard, occupez-le toujours ; pour vous être agréable, je prends l'engagement de me rendre acquéreur de la seigneurie du Faouëdic dont ce terrain est une dépendance, puis à vous céder la partie sous vos chantiers à tel prix que vous voudrez... » — C'est là le résumé du langage tenu à la Compagnie par Dondel, d'après M. Lecoq, qui ne paraît pas remarquer combien tout cela est puéril. Il y a plus ; si véritablement Dondel fit de telles promesses à la Compagnie, on serait en droit d'affirmer qu'en cette circonstance il n'agit pas en honnête homme. En effet, sur la quantité de 1.207 cordes superficielles du premier établissement de la Compagnie, plus de moitié, c'est-à-dire 622 cordes ne faisaient pas partie de la seigneurie du Faouëdic ; d'où la conséquence que, si la version de M. Lecoq était exacte, il faudrait admettre que Dondel fit une promesse de vente qu'il ne pouvait réaliser : promesse de dupe que Denis Langlois aurait eu la simplicité d'écouter. Non, je le répète, le sieur de Brangolo

2

n'a pu tenir ce langage, il n'a pu faire de telles promesses ; et la Compagnie des Indes orientales, puisant son droit dans une ordonnance royale, n'eut besoin de la protection, de l'influence ou de l'intervention de qui que ce fût, pas même de Thomas Dondel.

Cette situation étant ainsi établie, et Thomas Dondel et François de la Pierre n'étant devenus acquéreurs du Faouëdic-Lisivy que le 15 juillet 1667, il ne me fut plus permis d'insérer leurs biographies dans le chapitre de l'histoire de la fondation de Lorient, consacré aux anciens propriétaires du Faouëdic et à ceux qui détenaient ce fief au moment de l'arrivée de la Compagnie, fixée au 31 août 1666.

Telle est l'explication de ce prétendu changement de vue que me reproche M. Lecoq ; reproche injuste, je le répète, puisque cet auteur connaît depuis plusieurs années les documents qui anéantissent la tradition insérée en ma brochure de 1863.

Il est vrai que mon contradicteur persiste à fermer les yeux à l'évidence. Pour lui, les procès-verbaux de 1666 ne détruisent pas les précédentes versions, et sans publier aucun document nouveau, il raconte, page 50 et suivantes, « que Dondel, consulté par les directeurs de la » Compagnie leur indiqua la terre et les grèves du vieux » manoir du Faouëdic, qu'il avait depuis plusieurs années » le désir d'acquérir comme le lieu le mieux approprié à » des chantiers de construction..... Ces avantages admis, » la situation bien étudiée, les directeurs du centre d'ac- » tion sis à Port-Louis, agréèrent le choix du Faouëdic » de Lisivy (*sic*), firent un rapport des plus favorables à la » Direction générale et demandèrent bientôt avec instance

⁋ l'établissement de chantiers de construction à l'embou-
» chure du Scorff, au lieu du Faouëdic, etc., etc...... »

M. Lecoq-Kerneven, je le répète, raconte imperturba-
blement toute une longue et intéressante coopération de
Thomas Dondel à l'œuvre de la fondation de Lorient. Mais
malheureusement il oublie d'indiquer les sources, incon-
nues jusqu'à ce moment où il lui a été permis de puiser
des détails historiques intéressants qui donneraient incon-
testablement droit à Thomas Dondel, s'ils étaient justi-
fiés, à l'honneur, disputé, de figurer au premier rang des
fondateurs de Lorient.

Le lecteur appréciera si la méthode de M. Lecoq est suffi-
sante et si ses moyens sont fondés.

Cet auteur ne produit aucune pièce à l'appui de ses prétentions, ai-je dit, j'ai peut-être manqué d'exactitude sur
ce point. Je reconnais, en effet, que la présence de Thomas
Dondel aux opérations du sénéchal d'Hennebont sur la
lande du Faouëdic, et sa signature au bas du procès-
verbal du 31 août 1666, lui fournissent un argument qu'il
considère comme décisif : « Dans ce seul fait, s'écrie-t-il,
» il y a toute une révélation ! »

D. — Je vous écoute. Que révélerait donc cette signature ?

M. L. — Comment! mais n'y découvrez-vous pas la
preuve palpable, éclatante de la conduite généreuse, du
concours si entier et de tous les instants de MM. de Brangolo et de la Pierre en faveur de la Compagnie des Indes ?
de la large part qu'ils ont dans la fondation de Lorient ?
la preuve que sans leur influente intervention, jamais la
Compagnie des Indes n'eût réussi à s'asseoir sur les bords
du Scorff et qu'elle en eût été renvoyée par les populations
comme à Bayonne ?.....

D. — Quoi, vraiment ! la signature Dondel vous donne tous ces détails, vous révèle tant de choses ? c'est prodigieux !

— Mais, page 144, M. Lecoq donne charitablement une explication qui me fait revenir de mon étonnement, de ma stupéfaction.

« Le véritable historien, comme le vrai diplomate, dit-
» il, *savent lire entre les lignes ;* et il fallait lire entre
» les lignes de l'acte de 1678 et celles de l'aveu de 1681,
» comme précédemment il fallait lire entre les lignes des
» procès-verbaux du sénéchal de Hennebont et la signature
» de M. Dondel de Brangolo, c'est-à-dire que la perspica-
» cité et la sagacité sont deux vertus de l'historien. »

Voilà qui est parler. Je ne sais lire que ce qui est écrit et n'ai pas la sagacité et la perspicacité nécessaires. Pourquoi donc me faire un crime de mon ignorance, et prétendre que c'est avec intention, par calcul, par complaisance pour l'administration de la Marine que je n'ai pas écrit l'histoire comme M. Lecoq ?

Quoi qu'il en soit, la présence de Thomas Dondel est pour mon contradicteur un argument puissant. Il n'avait aucun caractère officiel, dit-il, pour assister aux opérations du sénéchal d'Hennebont ; donc ce fait prouve une coopération active, utile, nécessaire à la prise de possession du chantier de la Compagnie, *berceau de Lorient.*

Je reconnais avec cet écrivain que Dondel n'avait probablement aucun caractère officiel dans cette circonstance, pas plus que Varz, Bréart et de Beauregard-Chabris, le commandant militaire de cette contrée ; mais, parce que l'on ignore le motif de leur présence, faut-il absolument décider qu'ils furent des coopérateurs de l'œuvre de la

Compagnie, et qu'ils furent nécessaires pour couvrir l'illégalité des opérations du sénéchal du Vergier de Méneguen, à supposer que sa procédure fut illégale ?

Il serait possible qu'ils assistèrent Denis Langlois à titre d'actionnaires de la Compagnie ; je pourrais émettre une autre supposition, si M. Lecoq le permettait; la voici :

La Compagnie des Indes orientales voulut donner un certain éclat à une prise de possession dont les conséquences devaient être considérables pour le pays, et se faire bien venir d'une population dont les premières dispositions ne lui avaient peut-être pas été absolument bienveillantes. Elle imagina donc à cette occasion une fête à laquelle furent conviés les notables du pays et des environs : Port-Louis, Hennebont, et les principaux de ceux-ci auront été admis à l'honneur d'apposer leur signature au pied d'un procès-verbal qui constituait, ainsi que nous l'avons dit ailleurs, l'acte de naissance de Lorient, de même qu'à l'occasion des premiers travaux d'un monument public, on admet les personnes les plus considérables d'une localité à l'honneur de figurer avec les autorités dans la relation authentique de la pose d'une première pierre.

Ainsi pourrait s'expliquer, sans importance pour l'histoire, la présence de Beauregard-Chabris, commandant du Port-Louis ; Bréart, négociant du Port-Louis et peut-être ancien syndic de cette ville ; Varz, syndic en charge d'Hennebont, et Thomas Dondel, ancien syndic de la même communauté bourgeoise.

Je remarquerai que M. Lecoq a eu à sa disposition les papiers de la famille Dondel et que cependant, malgré la richesse probable de ce filon, il ne produit aucune pièce nouvelle à l'appui de sa discussion. Peut-on, en effet, considérer comme document historique l'extrait de correspondance qu'il exhibe page 55 ? Ecoutons cet auteur.

» Dans une lettre de M. Thomas Dondel, datée de Paris, qui y traitait diverses affaires, on trouve ce passage qui nous paraît avoir trait aux intérêts de la Compagnie : « J'ai trouvé tout le monde favorablement disposé ; une » chose a paru surprendre M. le Contrôleur général, c'est » que les avantages dont je l'ai entretenu ne lui avaient » pas été rappelés par les commissaires. On en nommera » de nouveaux. Je l'ai assuré que ceux-ci le renseigne- » raient comme j'avais l'honneur de le faire. » — Nous avons pris en note cet extrait, que nous abandonnons à l'appréciation du lecteur. Il nous paraît s'appliquer aux intérêts de la Compagnie. Mais comme MM. de Brangolo et de la Pierre étaient très au fait des finances et des intérêts divers de la province, il se pourrait que le passage de cette lettre ne s'appliquât qu'à ceux-ci.... »

On le voit, M. Lecoq n'exhibe qu'un extrait d'une lettre sans date et sans adresse, et cependant il prétend obtenir l'appréciation du lecteur. Il faudrait pour cela, il me semble, de la part du lecteur une dose de perspicacité et de sagacité plus forte que pour lire entre les lignes ; aussi j'y renonce, en faisant observer toutefois que la date de la lettre en question a une grande importance. Si par hasard cette date était postérieure au mois de juin 1666, quel argument pourrait-on en tirer au point de vue de l'intervention de Dondel et à sa coopération à l'établissement du Faouëdic ?

« Si ce passage, remarque M. Lecoq, ne s'appliquait pas » à la Compagnie, il se pourrait qu'il s'appliquât aux » finances et aux intérêts divers de la province... » Je ne sais pourquoi cet auteur n'admet pas que notre honorable commerçant ait pu traiter en cette lettre d'autres intérêts que ceux de la Compagnie ou de la Bretagne. J'ai cependant lu dans le dossier du procès Malenoë, dont il a été parlé, un acte du dix décembre 1674 passé devant les notaires d'Hennebont, où Thomas Dondel déclare qu'il fut obligé d'aller à Paris *pour quelques affaires qu'il y avait.* Ce voyage eut lieu dans l'intervalle du décès de Malenoë, mars 1664, au mois de septembre 1665, date de la décision du duc de Mazarin citée en la brochure de Faouëdic-Lisivy; il pourrait donc coïncider avec le voyage de Paris du mois de mai 1665 mentionné par M. Lecoq. Mais en présence de la déclaration formelle de Thomas Dondel « qu'il fut obligé d'aller à Paris pour quelques affaires qu'il y avait », il faut admettre que ce voyage eut pour raison, non l'intérêt de la Compagnie, ni de la Province, mais celui de la maison de commerce Dondel et de la Pierre. A moins que le sieur de Brangolo ne fît plusieurs voyages vers le même temps ; ce dont je n'ai pas trouvé traces, ni M. Lecoq non plus.

La désignation du contrôleur général (Colbert) et l'indication des *commissaires* donnent, il est vrai, au passage de cette lettre une apparence d'affaire d'intérêt public. Mais, il faut tout dire, à cette époque, 1661-1666, tous les financiers du royaume, fermiers-généraux, traitants et sous-traitants furent plongés dans la plus grande perplexité; ils vécurent en de véritables alarmes, causées par la fameuse Chambre de justice, instituée près du contrôleur général Colbert, avec des *commissaires* dirigés par ce ministre. On connaît les travaux de cette juridiction exceptionnelle, qui débuta par le surintendant Fouquet, et aboutit non-seulement à des condamnations capitales et à des détentions perpétuelles prononcées contre les grands

coupables, mais encore à des condamnations à quantité
de restitutions ou d'amendes dont la masse dépassa la
somme énorme de cent millions de livres ([1]). Il ne serait
donc pas impossible qu'en cette lettre, dont le destinataire
fut peut-être François Delapierre, le sieur de Brangolo
n'ait fait allusion aux commissaires de cette Chambre de
justice, puisqu'il appartenait à la famille des *traitants* et
des *sous-traitants,* par les fouages des évêchés de Vannes
et de Quimper, et les devoirs pour les bailliages de Pontivy
et Hennebont.

Quoi qu'il en soit, la production de la lettre entière me
paraît ici indispensable ; il est impossible, malgré le désir
de M. Lecoq, d'en faire une appréciation utile, tant que
l'on n'en connaîtra que les quelques lignes qu'il a exhibées.

Il est inconcevable qu'ayant eu à sa disposition tous les
papiers de famille Dondel, M. Lecoq-Kerneven se présente
les mains vides de documents pour étayer sa version et
combattre mon livre composé sur des documents que je
livre à l'appréciation du lecteur, non en extraits, mais
in extenso. Serait-ce seulement dans la tradition qu'il
aurait puisé les faits si intéressants et si honorables pour
Thomas Dondel, qu'il raconte à la même page 50 de son
livre ? Hélas ! oui ; à cet égard le doute n'est même pas
permis, puisqu'il y a aveu.

Dans un chapitre vraiment éloquent, intitulé : *Des
erreurs où conduit la prévention,* chapitre dont je recom-
mande l'intéressante lecture, l'auteur indique clairement
que la tradition, fortifiée de la signature Dondel du 31 août
1666, lui sert uniquement de preuve. Mais aussi, quelle

([1]) Voir, au sujet des travaux de cette Chambre de justice, le chapitre **XIV** du
livre récent de **M. René Kerviler** : *Le chancelier Pierre Séguier.* **Paris, librairie
Didier et Cie.**

confiance il accorde à la tradition ; quelle foi il lui voue !
Ecoutons-le :

« Dans ce seul fait (la signature Dondel), il y avait toute
une révélation. — Il est là dans cet ensemble de faits que
nous avons établis (?), dans ceux qui s'accomplissent en ce
moment, il est là le fondement de cette tradition qui attri-
buait principalement à la famille Dondel l'établissement de
la Compagnie des Indes au Faouëdic-Lisivy. *Reconnais-
sons-le, la tradition est toujours l'une des sources les
plus certaines de la vérité, elle en est la gardienne et
maintient les résultats des faits à travers le temps.....* »

M. Lecoq n'a pas ajouté : « malgré les documents authen-
» tiques contraires.... », je ne sais pourquoi.

Je suis très-disposé à partager l'admiration, le culte de
M. Lecoq pour la tradition ; mais à cet égard, je ne suis pas
complétement à l'aise. En effet, en histoire comme en justice, il est de principe qu'un bout de papier a plus de valeur
qu'un témoignage oral. Entre un document authentique et
un témoignage oral, une tradition, une légende, je me crois
obligé, en conscience, de préférer le titre écrit ; et j'écarte
impitoyablement toute version, toute déposition contraire
au titre authentique. Telle a été ma méthode en écrivant
l'histoire de la fondation de Lorient ; j'ai rejeté comme
étant sans la moindre valeur, *la tradition sortie de la
famille Dondel,* de la brochure de 1863 ; de même que je
repousse formellement, n'en déplaise à M. Lecoq, son intéressante narration, parce qu'elles contiennent des assertions sans fondement ou contraires aux faits constatés par
des documents authentiques.

Et encore, il y a tradition et tradition : quelle créance
accorder à une tradition qui subit à dix années d'inter-

valle, sous la plume du même écrivain, des modifications contradictoires, comme la tradition Dondel ? Je conserve précieusement l'original d'une lettre écrite le 22 novembre 1863 par M. Lecoq à l'auteur du Faouëdic-Lisivy, qui contient aujourd'hui tout un enseignement sur le degré de confiance que l'on doit accorder à une tradition historique, lorsque les questions de famille y sont mêlées. Voici des extraits de cette lettre :

« Monsieur, j'ai lu et relu avec un vif intérêt votre
» introduction à l'histoire de Lorient, c'est une œuvre bien
» écrite, — c'est un beau péristyle que vous avez élevé ; —
» achevez le temple, Monsieur, vous réunissez les qualités
» qu'un tel travail exige......... — Un mot cependant sur
» l'histoire de cette famille, qu'elle aurait désiré dans votre
» ouvrage, parce qu'il n'est que l'expression de la vérité. La
» famille Dondel du Harda (rien de Sillé) n'est point bre-
» tonne. Elle est d'origine francque, comme le révèle son
» nom....... — Si vous faites une deuxième édition, ou si
» vous continuez votre œuvre, puis-je vous demander d'in-
» sérer, soit dans la biographie Dondel, soit dans une note,
» ces renseignements nouveaux que j'ai puisés dans des
» papiers épars difficiles à retrouver, ou mieux, *aux sources*
» *sûres d'une tradition de famille*. Voici d'un autre côté
» les services rendus par la famille du Faouëdic à Lorient.
» *Vous pouvez articuler positivement que M. Dondel*
» *apporta de Paris l'établissement de la Compagnie des*
» *Indes sur la terre du Faouëdic par les concessions*
» *toutes gratuites qu'il fit à cette compagnie..... »*

En rapprochant cette lettre du livre actuel de M. Lecoq et des documents publiés dès 1866, on serait tenté de s'écrier, à l'exemple de cet auteur (p. 285) : *Risum teneatis, amici !* Mais il est vraiment trop pénible de voir avec quelle facilité (je ne veux pas me servir d'un autre mot), il est possible de travestir l'histoire. Sans l'heureuse découverte des procès-verbaux de 1666, l'histoire de Lorient enregistrait, sur l'affirmation de M. Lecoq, une véritable fausseté ; elle eût affirmé que le sieur de Brangolo concéda gratuitement, dès 1665 ou 1666, non-seulement des terrains d'une seigneurie qu'il n'acheta qu'en 1667, mais encore des terrains qui n'en faisaient pas partie !

Que l'on cesse désormais de me combattre au moyen de prétendus renseignements *puisés aux sources sûres d'une tradition de famille.* Ce sont là des sources dangereuses.

Je n'insiste pas, c'est trop triste !

J'arrive à un autre grief de M. Lecoq-Kerneven.

Au chapitre *Des erreurs où conduit la prévention,* déjà cité, cet auteur entasse raison sur raison, argument sur argument pour démontrer que je me suis rendu coupable d'une *malveillante interprétation* en disant que Dondel et Delapierre achetèrent Le Faouëdic par *spéculation.* En ce curieux chapitre, la vivacité du style n'est pas tempérée par le choix des expressions (¹) : je n'imiterai pas M. Lecoq en cette courte réplique.

(¹) Voici des échantillons de ce style surprenant :
« C'est ici le lieu et le moment de relever quelques-unes de ses *aberrations.*
» — Et l'historien de la fondation de cette cité *n'a pas craint de dire* que MM.
» Dondel de Brangolo et Delapierre des Salles avaient acheté les terres et le vieux
» manoir du Faouëdic de Lisivy par *spéculation?....* — C'est en *mauvaise part*
» que l'historien prend ici ce mot. On le verra surabondamment. C'est parce
» qu'il y a dans les récits de cet écrivain *des serpents qui sifflent* que nous

Impossible de le nier, j'ai dit que Dondel et Delapierre, en se rendant adjudicataires du Faouëdic-Lisivy (et non *de* Lisivy ; ici la particule serait un non-sens), le 15 juillet 1667, se proposèrent une bonne affaire, une *spéculation*. A cela, je me demande vainement où pourrait être le mal.

Ah ! s'il me fût arrivé de dire qu'un magistrat, comme Paul du Vergier de Ménéguen, sénéchal d'Hennebont, aurait acheté telle propriété *par spéculation ;* ou que Guillaume du Bahuno, seigneur de La Demiville, Kermadehoy et autres lieux, un noble d'extraction vivant en gentilhomme, fît telle acquisition de domaine, *par spéculation,* alors je comprendrais un mouvement de désagréable humeur de la part de leurs descendants ; car, en définitive, j'aurais attribué à un gentilhomme ou à un magistrat une intention qui n'est dans les mœurs ni de la magistrature ni de la noblesse. Mais ici ce n'est pas le cas ; mon opinion s'applique à Thomas Dondel et à François Delapierre, commerçants associés, demeurant à Hennebont, en la rue Neuve, où ils vécurent bourgeoisement et dont on possède des écrits datés de 1678, ainsi formulés : *Je soussigné, marchand de vin en gros, demeurant à Hennebond.* J'ai rapporté l'intention de spéculation à deux beaux-frères qui amassèrent une fortune considérable (M. Lecoq le déclare) dans le négoce, et surtout dans les spéculations, car je ne

» sommes contraints à des défenses... — Comment et par quel *art perfide* a-t-on
» pu transformer le bon vouloir, le concours constant de ces deux éminents
» citoyens en une habileté de spéculateurs... — Voilà donc l'opinion et *l'accusa-*
» *tion* de l'auteur ; *opinion si étrange* que c'est à se demander si elle est *digne*
» *d'examen.* — *Ce n'est pas l'histoire* qu'écrit l'auteur de cet *étonnant langage ;*
» il est rare de montrer un *esprit plus prévenu.* Dans tous ces *faits retournés*
» il a des *serpents qui sifflent,* qui donnent aux mots, au langage *un autre air*
» *que celui de la vérité...* — Écrire de pareilles choses n'est-ce pas être *plus que*
» *téméraire ?* — Avancer de telles assertions, mais c'est de la *déraison....* etc... »
Une note de ce chapitre est indiquée à la table du livre sous cette rubrique :
Réponse à une malveillante interprétation.

saurais qualifier autrement le fait d'avoir exploité les fermes des impôts des fouages et des devoirs, et celles des revenus ecclésiastiques et des propriétés particulières.

Le fait de spéculer ayant donc été habituel à Dondel et Delapierre, je ne puis m'expliquer l'irritation de M. Lecoq-Kerneven en m'entendant leur attribuer l'intention de spéculation lorsqu'ils se rendirent adjudicataires du Faouëdic, le 15 juillet 1667, après l'installation de la Compagnie à proximité de ce fief. Je ne puis supposer que le fait de rappeler les antécédents de ces deux beaux-frères soit en lui-même désagréable à M. Lecoq, puisqu'en définitive l'éclat relatif où parvinrent les deux familles, à la fin du XVIIᵉ siècle, prit naissance dans les richesses acquises dans le négoce et surtout les spéculations par Thomas Dondel et François Delapierre : c'est incontestable (¹). Aussi,

(¹) M. Lecoq, racontant que Charles Dondel, sieur du Parc, acheta la charge de sénéchal au présidial de Quimper la somme énorme de 80.000 livres, du vivant du sieur de Brangolo son père, fait au sujet de la vénalité des charges et du pouvoir judiciaire, des réflexions singulières ; en voici des passages :

« La séparation des pouvoirs en deux ordres, l'ordre administratif et l'ordre
» judiciaire, est d'invention récente. Cette invention est-elle un progrès ? Nous
» en doutons... » (p. 167).

« — Nous avons dit tout à l'heure le prix auquel M. Charles Dondel du Parc
» avait acquis la charge de président au présidial de Quimper. Sous l'empire de
» la transformation des idées que la France a subies depuis un siècle environ,
» nous voyons un abus étrange et intolérable dans cette transmission de charges
» à prix d'argent dans la magistrature, et nous appelons cet état de choses du
» nom de vénalité des charges. C'est l'habitude où nous sommes aujourd'hui de
» flétrir de ce nom un ancien ordre social fort considérable, plein de vie et de
» grandeur qui nous égare et nous empêche de voir au fond des choses. La
» vénalité ! C'est là une qualification révolutionnaire et menteuse. Ce n'est pas
» vénalité qu'il faut dire, c'est propriété ! Envisagé à ce point de vue qui était
» le vrai, la charge d'une magistrature était une grande chose ; elle était l'indé-
» pendance vis-à-vis du pouvoir et vis-à-vis de tous ; nulle puissance n'était
» au-dessus des magistrats propriétaires de leur charge. C'est cette propriété qui
» fut leur force et leur grandeur.... » (p. 168). Jusqu'à présent, je m'étais figuré que la séparation des pouvoirs administratifs et judiciaires, et la collation des charges de magistrature au mérite, constituaient un progrès incontesté.

malgré l'exagération de M. Lecoq à l'endroit de Dondel et Delapierre, ces deux éminents citoyens, ces bons génies, ces protecteurs, ces bienfaiteurs de la Compagnie, etc., et en faveur desquels il revendique des places d'honneur dans la galerie des fondateurs et des bienfaiteurs de Lorient, je cherche ailleurs que dans une considération injuste et mesquine le motif de la bruyante colère de mon ardent contradicteur. A mon avis, voici quelle en serait la raison :

D'après la fameuse tradition de famille, dont on connaît actuellement les sources sûres, non-seulement Dondel et Delapierre auraient acheté le Faouëdic par suite d'entente avec la Compagnie et dans son intérêt, mais ces deux acquéreurs, toujours dévoués à la Compagnie, auraient mis généreusement à sa disposition tout le terrain nécessaire à l'extension de son établissement, pour un prix dérisoire.

Mais mon assertion serait venue déranger ce petit arrangement de famille.

Indè iræ !

J'ai fait justice, pièces en mains, de la première prétention ; examinons la valeur de la seconde : j'essaierai du même coup de résoudre la question de spéculation, autour de laquelle on fait tant de bruit.

Il est regrettable que je n'aie pas réussi à me procurer le procès-verbal d'adjudication du 15 juillet 1667 avec la procédure antérieure, pour me rendre compte de quelle manière la vente du Faouëdic-Lisivy et de Kerolain, dépendant primitivement d'une succession bénéficière ouverte dans le ressort de la juridiction d'Hennebont, de Pontcallec ou des fiefs de Léon, avait été portée devant la Chambre des requêtes de palais à Rennes ; — et pourquoi cette vente fut poursuivie à Rennes contre une seule partie, Pierre

Poullain, tandis que Pierre de Jégado, le *de cujus,* avait laissé plusieurs héritiers. Pierre Poullain, partie saisie, figure en différents titres avec la qualité de seigneur de Kerolain et du Faouëdic-Lisivy ; serait-il demeuré adjudicataire de ces seigneuries lors d'une première adjudication sur les poursuites du bénéfice d'inventaire ? C'est ce qu'il importerait de vérifier ; en voici le motif : supposons qu'une première vente du Faouëdic eut lieu au profit de Pierre Poullain, et que cette adjudication fut prononcée à une date voisine ou postérieure du mois de mai 1665 ; comment M. Lecoq expliquerait-il alors ce passage de son livre : « M. Thomas Dondel possédait des chantiers de construction sur la rivière d'Hennebont (?), et de plus connaissait admirablement les personnes et les choses du pays. Déjà depuis plusieurs années, il avait le désir d'acquérir la terre et le manoir du Faouëdic-Lisivy, dont la vente, comme nous l'avons dit, était poursuivie depuis près de dix années, et il donna aux directeurs de la Compagnie l'assurance qu'il acquerrait une propriété que, lui le voulant, nul dans le pays ne pourrait lui enlever.... » (p. 50).

M. Lecoq, ayant à sa disposition tous les papiers de famille Dondel, est à même de vérifier cette question ; jusqu'à son éclaircissement, je persisterai à croire que l'intention d'acquérir le Faouëdic ne germa dans l'esprit de Thomas Dondel que postérieurement au 31 août 1666, date de la prise de possession de la baie de Rohellec-bec-er-Roheu par la Compagnie.

En passant, je ferai remarquer que Dondel exagéra singulièrement les choses, en donnant à la Compagnie « l'assurance qu'il acquerrait une propriété que, lui le voulant, nul dans le pays ne pourrait lui enlever ». Messire de

Bahuno, acquéreur de Kerolain à cette même audience du 15 juillet 1667, à qui le Faouëdic, dont les dépendances s'enchevêtraient dans celles de la seigneurie de Kermadehoy, convenait d'une manière toute particulière ; G. du Bahuno était parfaitement en position de disputer à Dondel l'acquisition de ce domaine.

Quoi qu'il en soit, si le titre du 15 juillet 1667 fait défaut, d'autres documents permettent d'apprécier les intentions de Thomas Dondel.

Le 10 janvier 1669, à l'audience des généraux plaids de la sénéchaussée d'Hennebont, où l'on procédait aux formalités de l'appropriement (sorte de purge hypothécaire) de la seigneurie du Faouëdic, des oppositions se produisirent au nom de différents intéressés ; cependant, l'attention de Thomas Dondel, présent à cette audience, ne parut s'éveiller qu'à l'occasion d'une seule de ces oppositions, il est vrai que cette opposition était susceptible d'entraîner le retrait sur lui de l'immeuble en question, tandis que les autres ne furent vraisemblablement formalisées que dans l'intérêt de créanciers ordinaires. Je copie le procès-verbal :

« ..... Ont comparu dame Louise de Kerpaën laquelle
» aux fins de la procure luy consentye ce jour par m^{re}
» Guillaume Poullain sieur Duval-Pontloë son mary a
» institué à son procureur en cette cour Me Allain Lai-
» gneau et à déclaré s'opposer à l'appropriement de ladite
» terre du Faouëdic pour les raisons insérées en ladite pro-
» cure et autres qu'elle réserve à desduire en temps et
» lieu... — En l'endroict ledit sieur de Brangollo présent a
» interpellé ladite dame Duval de déclarer si son opposi-
» tion est affin de premesse, déclarant en ce cas la luy

» consentir... — Desquelles oppositions et interpellations
» a été décerné acte, etc... — Faict et expédié le jeudi 10e
» janvier 1669. (Signé) Paul du Vergier. — Dramard, gref-
» fier. » (Arch. sénéch. Hennebont.)

« ... Déclarant en ce cas là luy consentir !... » *Il y a
là tout une révélation !* pourrais-je dire en me servant des
expressions de M. Lecoq.

En effet ; est-ce là , je le demande, le langage d'un
acquéreur jaloux de conserver l'objet de longues et ar-
dentes convoitises ; et surtout l'attitude qui convenait au
protecteur et au bienfaiteur de la Compagnie ; à l'homme
soucieux de favoriser et de développer l'établissement du
Scorff ? Bien au contraire, les sentiments que cette déclara-
ration révèle sont tout autres : Thomas Dondel s'exprime
comme un homme regrettant son acquisition. Et quel serait le motif de ce changement ? La situation déplorable
des affaires de la Compagnie ; situation si inquiétante à ce
moment (fin de 1668 et commencement de 1669), qu'il était
très-vivement question de supprimer l'établissement du
Port-Louis, et, par contre-coup, celui du Scorff.

Voilà l'explication du langage de Thomas Dondel, au 10
janvier 1669.

Mais peu de semaines après, changement complet : les
affaires de la Compagnie s'améliorent et ses projets de dé-
guerpir de Port-Louis s'évanouissent. Le 11 février 1669,
en séance royale, tenue au Tuileries , l'assemblée générale
de la Compagnie décida que l'établissement du Port-Louis
serait conservé, « et que les marchandises , vendues sur
échantillons à Paris, seraient délivrées, au port d'arrivée,
aux acheteurs d'icelles... » — Cette résolution assurait

l'existence de Lorient, et son agrandissement immédiat en devenait la conséquence.

Quelles furent les dispositions de Dondel en présence de ces événements, qui consolidaient l'existence de l'établissement du Faouëdic ? Ses inquiétudes, ses regrets s'envolèrent aussitôt ; et supputant immédiatement les conséquences de la reprise des travaux et d'une affluence plus considérable d'ouvriers et d'agents sur la lande du Faouëdic, il s'empressa de réparer et d'augmenter le renable de son moulin, dont le produit dépassa en peu d'années le revenu de la métairie du Faouëdic (¹).

La note des archives de Vannes concernant la rivalité des moulins de Keroman, le Faouëdic et Tréfaven, publiée page 194 de mon livre, note où l'on trouve des traces intéressantes de la jeune population lorientaise, exprime d'une manière saisissante les dispositions des acquéreurs du Faouëdic :

« ... Pour attirer à leur moulin les subjets de la seigneu-
» rye (Tréfaven), ils (Dondel et Delapierre) leur permet-
» tent composition de moulte, font à leur moulnier aller
» chez eux (les Lorientais) quérir leurs bleds et porter
» farine, leur promettant de leur donner des vins en car-
» naval sans debvoir, pour les attirer à leur moulin, estants
» lesdits Dondel et Delapierre fermiers de tous les deb-
» voirs... »

Ces faits suffisent, il me semble, pour démontrer que je n'ai pas commis *d'aberration* en disant que Dondel et Delapierre avaient acheté le Faouëdic par spéculation,

(¹) En 1681, la métairie du Faouëdic payait de ferme 70 livres en argent, 8 perrées de froment, 8 perrées de seigle et 4 d'avoine, mesure d'Hennebont. — Le moulin était affermé 25 perrées de froment et 25 perrées de seigle.

La perrée équivalait à quatre minots, ou environ deux hectolitres.

Voyons maintenant le généreux concours qu'ils accordèrent à la Compagnie, à l'occasion de l'extension de son établissement du Faouëdic au mois de juin 1669.

Dans le chapitre de son ouvrage intitulé : *Des secondes assises de Lorient*, M. Lecoq, poursuivant son système, présente comme une action de remarquable dévouement à la Compagnie des Indes, la permission donnée par Dondel et Delapierre à cette Compagnie de prendre telle quantité de terrain qui lui conviendrait, à tel prix qu'elle fixerait elle-même, pour l'agrandissement de son établissement du Scorff. A ce titre, ces deux citoyens éminents mériteraient encore, selon lui, d'être considérés comme coopérateurs de l'œuvre de fondation de Lorient.

Cependant, je me permettrai de faire remarquer à cet auteur que le procès-verbal du 25 juin 1669, dont il a lu le texte complet dans mon livre, est formellement contraire à une pareille thèse. La Compagnie, en effet, recourut en 1669 aux mêmes formalités qu'en 1666 ; elle employa la voie de l'expropriation ; on ne peut donc soutenir l'intervention généreuse de Dondel, qui suppose nécessairement une cession amiable.

Mais le procès-verbal de 1669 n'arrête pas plus M. Lecoq-Kerneven que ceux de 1666 :

« Dondel et Delapierre, dit-il, pouvaient s'opposer à l'expropriation et paralyser les destinées de la Compagnie. Ils étaient les maîtres de la situation. Ils pouvaient combattre la Compagnie sur l'étendue de sa demande, et la faire restreindre à dix journaux au lieu de seize et demi et un cinquième ; le surplus restant entre leurs mains pour être détaillé en terrains de constructions. — S'ils spéculent, n'est-il pas évident qu'ils atteindront à l'un ou à l'autre de ces résultats, — n'est-il pas évident que telle était la sphère de leurs intérêts ? Si au contraire ils n'ont souci que de la Compagnie, ils cèderont à toutes les demandes et souscriront généreusement à tous ses désirs..... — *et c'est ce qu'ils ont fait.* » (P. 125-127.)

C'est précisément ce qu'ils n'ont pas fait, répliquerai-je, et je le prouve, le procès-verbal du 25 juin 1669 à la main. Lisons ce passage, page 186 de mon livre :

« ..... Lesquelles bannies auroient été certifiées en juge-
» ment le treiziesme dudit présent mois, lors desquelles
» certifications *se seroit opposé* Guillaume Rondel, se por-
» tant procureur de messire Guillaume de Bahuno, etc.... —
» Me Gilles Rondel, se portant procureur des Pères de
» l'Oratoire de Nantes et des sieurs Thomas Dondel et
» François de la Pierre, etc.,... — auxquels il auroit esté
» ordonné de fournir leurs moyens d'opposition audit Mar-
» quer audit nom, et le tout communiquer au substitut de
» M. le procureur général du roy, pour iceluy ouï d'estre
» ordonné ce que de raison..... »

A l'audience du 21 juin, les opposants ne se présentèrent pas pour faire valoir leurs moyens d'opposition, probablement inutiles, quoi qu'en pense M. Lecoq. Le 25 juin, au moment de la prise de possession des terrains qu'il s'agissait d'annexer au chantier primitif de la Compagnie, le procureur de la princesse de Guémené seul comparut devant le sénéchal d'Hennebont pour réitérer son opposition ; tous les autres opposants firent défaut, *sans en excepter Dondel,* dont la signature, cette fois, n'illustre pas le procès-verbal de prise de possession.

Est-ce cela, je le demande, la conduite d'un propriétaire empressé à favoriser la Compagnie ? Il lui eût été cependant

bien facile de lui donner en cette occasion une preuve éclatante de son dévouement, non-seulement en s'abstenant de
formaliser une vaine opposition, mais encore en évitant à
la Compagnie le recours aux formalités longues et dispen-
dieuses de l'expropriation. Lui, le bon génie, le protecteur
si zélé de la Compagnie, ne devait-il pas s'empresser d'offrir
une cession amiable? En moins de vingt-quatre heures,
l'affaire pouvait se traiter entre lui et la Compagnie.

En présence du procès-verbal de 1669, qui constate et la
voie de l'expropriation et l'opposition de Dondel, les argu-
ments de M. Lecoq tombent; n'insistons pas.

Je ne quitterai pas cette terre du Faouëdic, et les critiques
de M. Lecoq nées à son sujet, sans faire certaines remarques
qui ont quelque valeur dans cette discussion.

Jamais Dondel ni Delapierre ne témoignèrent à l'égard de
cette terre noble les dispositions habituelles de bons propriétaires et de pères de famille soigneux et prévoyants. Leurs
enfants les imitèrent. Il y a plus ; sans parler des nombreux
morcellements de la lande du Faouëdic qui ont enrichi
cette famille, dès qu'une occasion favorable se présenta, —
les ruines du manoir, son emplacement, ses jardins, les bois,
toute *la partie noble* enfin de cet ancien domaine féodal
fut vendue. Cette aliénation, qui eût dû faire perdre au
vendeur, il me semble, en se conformant aux usages du
temps, la faculté de porter le surnom de Faouëdic (¹), fut

(¹) Il est certain que Joseph Le Blanc, acquéreur des immeubles vendus à la
Compagnie de Saint-Domingue, s'intitula *sieur du Faouëdic.*

En 1735, le prince de Guémené, aux droits de Joseph Le Blanc, afféageant
certaines parcelles de terre de ce fief à Jean Blanchard, se réserva expressément
« les vingt-huit cordes faisant la pointe qui donne sur le chemin qui conduit de
la ville de Lorient audit Faouëdic, sous pâture et genêts, sur lesquelles vingt-huit
cordes sont les vestiges de ladite maison noble du Faouëdic. » Les Dondel se

consentie en 1699 par le sénéchal de Vannes, Pierre Dondel, sieur de Keranguen, à la Compagnie de l'île et côtes de Saint-Domingue. Je ne crois pas qu'il existe beaucoup d'exemples de propriétaires consentant librement la décapitation d'un domaine affectionné. Mais Dondel se souciait peu de conserver une partie de son fief, dont le revenu était mince et qui lui fut payé 7.000 livres : il se réserva la métairie et le moulin du Faouëdic, immeubles plus humbles, mais plus productifs.

Autre observation. Si Thomas Dondel avait acheté le Faouëdic avec l'intention que lui suppose M. Lecoq-Kerneven, cet homme expérimenté eût agit en cette circonstance bien légèrement. Le sieur de Brangolo, en effet, pouvait acquérir en son nom personnel, et cependant ce fut en société avec son beau-frère qu'il se rendit adjudicataire, ouvrant ainsi à Delapierre la possibilité de devenir un jour propriétaire du Faouëdic par suite d'une dissolution et d'un partage de société commerciale. Chose singulière ! Les enfants Delapierre, de préférence aux enfants Dondel, prirent dans le principe le surnom du Faouëdic. D[lle] Julienne de la Pierre, qui épousa en 1678 Yves Le Coniac, chevalier d'Allineuc, prenait le titre de dame du Faouëdic ; et Jean de la

montrèrent moins scrupuleux que le prince de Guémené ; et cependant il s'agissait des vestiges d'une terre noble dont ils prirent le nom.

On a remarqué ce passage : « ..... sur le chemin qui conduit de la ville de » Lorient audit Faouëdic..... » — Ce chemin est l'origine de la rue du Faouëdic. L'opinion de M. Lecoq, d'accord avec M. Mancel, d'après laquelle le nom de Faouëdic aurait été donné à la rue actuelle de l'Hôpital en considération de la famille Dondel, n'est pas fondée : le nom *rue du Faouëdic* s'est substitué naturellement à celui de *chemin du Faouëdic* sans la moindre convention formelle à cet égard, de même que le nom de *rue de Kerverot* fut substitué à *chemin de Kerverot*, *rue du Moulin* à celui de *chemin du Moulin*, etc. — Quoi qu'il en soit, j'insiste énergiquement pour réclamer la restitution du nom de *Faouëdic*, un nom historique, à une rue dont le nom actuel l'*Hôpital* n'a qu'une signification d'intérêt très-secondaire.

Pierre, son frère, d'abord sénéchal de Concarneau, puis grand maître des eaux et forêts de France et grand veneur de Bretagne, s'intitula d'abord sieur du Faouëdic jusqu'au moment où il succéda à son père en la baronnie de la Forêt (1693).

Thomas Dondel étant mort en 1679, les hasards d'un partage de société amenèrent en sa succession le Faouëdic, qui entra dans le lot de l'aîné de ses enfants. — Nulle part on ne rencontre les traces d'une prédilection particulière de Dondel pour cette seigneurie, tandis qu'au contraire l'examen des documents, s'accordant avec les faits, confirme l'opinion si bruyamment combattue par M. Lecoq-Kerneven.

Il me reste à examiner une critique d'une nature plus délicate que les précédentes, à laquelle, je l'avoue, je ne me serais jamais attendu.

M. Lecoq insinue clairement que l'administration du commissariat de la Marine m'a communiqué une histoire quelconque dont je me serais servi pour écrire mon ouvrage, et qu'elle m'aurait dicté les vues que j'ai suivies dans sa rédaction : en d'autres termes, il insinue que j'ai été un auteur assisté et complaisant. Il me paraît du moins impossible d'interpréter différemment les passages suivants de ses *Préliminaires :*

« Il y a deux vues différentes chez l'auteur dont nous
» parlons, et comme deux époques. La seconde est telle-
» ment différente de la première que c'est à croire que ce
» n'est pas le même historien. *On dirait qu'en dernier lieu*

» *l'auteur a reçu une histoire émanant d'une autre*
» *source.* On peut en juger par le dernier chapitre de son
» livre sur la fondation de Lorient, qui en est comme le
» résumé.... — *Nous ne serions pas surpris que cet auteur*
» *eût reçu de l'administration du commissariat de la*
» *marine la vue nouvelle de la fondation de Lorient...* —
» Sans doute pour l'administration du commissariat de la
» Marine, cela peut être une satisfaction de se mirer dans
» cette œuvre, dans ce *résumé complaisant,* mais hélas !...
» La vérité doit seule dominer... »

Mon contradicteur invoque sans cesse *la vérité,* depuis
l'épigraphe de son livre jusqu'en ses dernières lignes : *Pour*
nous, nous n'avons voulu que la vérité et jeter dans cette
œuvre son implacable rayon de lumière !... — Serait-
ce aussi sous l'empire de l'amour de la vérité que l'auteur a
écrit les insinuations.... inqualifiables qui précèdent ? N'a-
t-il pas, au contraire, obéi à quelque inspiration ténébreuse,
celle, par exemple, dont parle Dom Bazile, personnage
louche de certaine œuvre lyrique célèbre ? Je ne sais, mais
je me demande ce qui a pu donner lieu à de semblables
interprétations.

Quand on a la hardiesse de publier de pareilles insinuations, on doit être en mesure d'en fournir la preuve, sans
quoi ce serait assumer une grave responsabilité. M. Lecoq,
qui aime tant la vérité et qui prétend en avoir mis partout,
s'empressera, je n'en doute pas, de faire connaître où, quand
et comment l'administration du commissariat de la Marine,
ou qui que ce soit, m'a fait ses communications de pièces
et de vues historiques pour composer et écrire mon livre.

J'attends cet éclaircissement avec la plus vive impa-
tience. Mais, comme je suis exposé à attendre longtemps

une réponse que je crois impossible, M. Lecoq voudra bien,
dès ce moment écouter ces détails :

L'auteur de l'*Histoire de la fondation de Lorient* doit à
ses recherches personnelles la découverte de la très-grande
partie des pièces qui sont entrées dans la composition de
son livre, et spécialement de celles qui lui ont permis de le
terminer. A l'égard de celles-ci, il peut invoquer le témoignage personnel de MM. de Branges et Pierre Margry [1],
conservateurs des Archives du ministère de la Marine en
1869, et de M. Boislisle, fonctionnaire du ministère des
finances détaché aux Archives Nationales [2].

L'auteur de l'*Histoire de la fondation de Lorient* a si
peu reçu les communications et les encouragements de
l'administration de la Marine, que son ouvrage est à peu
près inconnu de celle-ci et qu'on en demanderait vainement
un exemplaire aux bibliothèques de la Marine, à celle du
port de Lorient notamment. Les encouragements obtenus
jusqu'ici, de la part de la Marine particulièrement, par cet
auteur complaisant (encouragements qu'il n'a jamais solli-

[1] M. Pierre Margry possède une collection de pièces historiques de grande
valeur qu'il a eu l'obligeance de me communiquer. Avec son autorisation, j'y ai
puisé des notes intéressantes qui pourront être utilisées dans un second volume
de l'*Histoire de Lorient*.

[2] Cette lettre de M. Boislisle témoigne des difficultés que j'éprouvai à Paris
dans mes recherches historiques :

« Ministère des Finances. — Secrétariat général. — 2ᵉ division. — Sous-direc-
» tion de l'ordonnancement du matériel et des archives. — Paris, le 14 octobre
» 1869. — Monsieur, — je crois que vous ne devez point désespérer de trouver
» soit à la Marine, soit ailleurs, les pièces et les preuves que vous désirez. Mais
» il ne faut pas compter sur les archives de l'ancienne Chambre des Comptes,
» qui ont été détruites par un célèbre incendie en 1737. Ce qui compose actuel-
» lement le fonds de la Ch. des C. aux archives de l'empire ne contient plus
» aucune pièce justificative. Ce qui avait échappé à l'incendie de 1737, ou ce
» qui était postérieur à cette date, a été détruit ou dilapidé en 1793. Nous n'avons
» plus que des copies d'une partie des anciens registres ou de leurs tables, et
» les aveux féodaux, qui formaient un dépôt tout à fait distinct de celui de la

cités il est vrai) ont été si discrets, que celui-ci n'est pas tenté de donner de sitôt un second volume à une œuvre qui a exigé de sa part de réels sacrifices.

L'insinuation de M. Lecoq-Kerneven est d'autant plus étrange (je m'abstiens d'expression plus énergique), qu'il n'est pas sans savoir qu'en 1866 M. le commissaire de la Marine Hébert, aujourd'hui commissaire-général, publia dans la *Revue maritime et coloniale* une *Histoire du port de Lorient,* à la demande du ministère. Si l'administration du commissariat de la Marine avait eu à sa disposition des histoires ou des mémoires concernant les origines lorientaises, ou voulu indiquer une direction quelconque à un ouvrage historique sur Lorient, M. le commissaire Hébert ne lui aurait-il pas fourni l'occasion d'utiliser ses documents inédits et d'appliquer ses vues particulières? Remarque-t-on quelque ressemblance entre mon ouvrage et celui de M. Hébert ([1])?

Nullement. Il n'y a eu rien à communiquer ni à M. Hébert ni à moi, pour une bonne raison : c'est que l'adminis-

---

» comptabilité. — Permettez-moi de vous répéter ce que je disais hier : c'est » seulement à la Marine que vous pouvez et que vous devez trouver ce qui vous » tient si fort au cœur.... — Agréez, Monsieur, etc..... — (Signé) BOISLISLE.

» Suscription : Monsieur JÉGOU, rue de Beaune, 5, Paris. »

Grâce au conseil de M. Boislisle, je trouvai aux archives de la Marine une partie *de ce qui me tenait tant à cœur.*

([1]) M. Hébert ne reçut aucune communication de l'administration pour composer sa notice; j'en trouve la preuve dans une lettre que m'écrivit, le 14 mai 1866, M. Levot, archiviste de la marine à Brest, à qui je m'adressai pour obtenir des pièces historiques lorientaises :

« Brest, le 14 mai 1866. — Mon cher Monsieur, — il y a deux mois que » M. Hébert, commissaire de la marine dans votre port, dont le ministère l'a » chargé de faire une notice historique, m'a demandé si j'aurais pu lui fournir » quelques documents ou indications susceptibles de l'aider dans son travail. » À mon grand regret, je n'ai pu, comme à vous, lui répondre autre chose, sinon » que nous n'avons ici rien, absolument rien qui ait trait au port de Lorient..... »

tration n'avait rien entre les mains, si ce n'est la collection
des correspondances ministérielles que j'ai cherchées per-
sonnellement dans les archives du ministère et dont je
suis le premier à avoir fait emploi dans un but historique
lorientais.

Je m'arrête sur ce sujet, me réservant d'être plus complet s'il en était nécessaire, ce que je ne suppose pas.

Les procédés agressifs de l'auteur de la *Généalogie
Dondel* m'ont paru d'autant plus hardis, que lui-même a
besoin d'indulgence pour sa manière d'écrire l'histoire. En
effet, pour composer la *Généalogie de la maison Dondel
de Sillé (alias* du Harda), l'auteur a largement puisé, sans
l'indiquer, dans la *Chronique lorientaise* de M. Mancel,
dans le *Faouëdic-Lisivy* et l'*Histoire de la fondation de
Lorient,* et dans une petite monographie intitulée *la Ma-
nufacture de porcelaines de Lorient,* que je publiai en
1865, et à laquelle j'ai ajouté des notes encore manuscrites
qui ont été communiquées à deux personnes seulement,
l'une de Lorient, l'autre de Rennes, toutes deux en relations
avec M. Lecoq-Kerneven. Au sujet de cette monographie,
M. A..., conseiller à la Cour de Rennes, me fit l'honneur
de m'écrire, au mois de janvier 1869, ces lignes polies :
« ..... Pouvais-je parler de la fabrique de porcelaines de
Lorient sans faire connaître que c'était à vos recherches
patientes qu'on devait de savoir tout ce qu'on en peut
dire...? » — M. Lecoq n'a pas partagé ce sentiment d'équité,
il s'est servi de mes publications et de mes notes sans mon
autorisation et sans citer mes œuvres, négligeant ouverte-
ment l'application de ce principe vulgaire : *Suum cuique.*
Une fois cependant, M. Lecoq me fait l'honneur d'une
mention, page 87 : « Nous ne pouvons mieux faire que

» d'extraire de l'histoire de M. Jégou le tracé des premières
» assises de Lorient, qu'il a très-bien décrit... », comme si
cet emprunt était de sa part un fait exceptionnel [1].

Mais cet auteur a usé d'un sans-gêne plus extraordinaire
encore. Non content de faire usage des documents que j'ai
publiés et qu'il n'a jamais lus ailleurs que dans mes
ouvrages ; non content de reproduire des phrases et des
pages entières, il m'emprunte mes réflexions, les donne
comme siennes, et fait remarquer avec ironie qu'elles
avaient échappé à ma perspicacité. Ce procédé est tellement curieux qu'il paraît incroyable ; je me vois donc
obligé d'en fournir la preuve ; la voici :

Il s'agit du retrait féodal d'une partie du Faouëdic par
le prince de Guémené sur la Compagnie des Indes, en
1733. Je reproduis parallèlement l'historique de ce fait
publié par moi en 1863 dans la brochure *Le Faouëdic-
Lisivy* et la narration de M. Lecoq-Kerneven contenue
dans sa généalogie Dondel de 1874.

---

[1] Il faut être juste : M. Lecoq-Kerneven n'a emprunté à personne les deux
assertions suivantes :

« Parmi les armateurs dont l'initiative fut pour la Bretagne un bienfait et
» dont nous devons nous honorer, furent plusieurs membres de la maison
» Dondel, et parmi ceux-ci, il faut remarquer Thomas Dondel de Brangolo. »
(P. 32.)

« M. Thomas Dondel possédait des chantiers de constructions sur la rivière
d'Hennebont.... » (P. 50.)

Où l'auteur a-t-il puisé ces faits intéressants pour notre histoire locale ?
Serait-ce encore dans des traditions de famille ?

LE FAOUEDIC-LISIVY.

« ..... C'était la grande Compagnie des Indes. Parvenue dès 1733 à un immense développement. elle se sentit à l'étroit dans son établissement de France, l'enclos de Lorient, et forma le projet d'étendre son arsenal sur la partie du territoire du Faouëdic appartenant à Le Blanc, pour relier le tout par des digues et des travaux de dessèchement sur les vastes marais séparant les deux parties.

« Nous n'avons pu trouver l'acte d'acquisition de la Compagnie des Indes, mais nous savons qu'elle ne prit pas possession de la terre du Blanc, le prince de Guémené, seigneur de Tréfaven, dont relevait le Faouëdic, ainsi que nous l'avons déjà dit, ayant immédiatement exercé son droit de seigneur de fief par le *retrait féodal*... (p. 34.)

. . . .

» Qu'on nous permette d'exprimer notre opinion sur l'influence exercée sur le développement de la ville et de l'arsenal de Lorient, par le retrait féodal du chantier du Faouëdic obtenu par le prince de Guémené contre la Compagnie des Indes.

» A l'époque où ceci se passait, c'est-à-dire en 1733, Lorient était dans la période la plus importante de sa création. Au-dedans et au-dehors de l'enclos de la Compagnie régnait la plus grande activité..., etc. (p. 35.)

» A ce moment de grande fermentation, que fût-il arrivé des chantiers du Blanc entre les mains de la Compagnie des Indes! L'établissement sur ce point des ateliers et des cales que, vingt ans plus tard, elle se vit obligée de créer vis-à-vis (en note : le chantier de Caudan n'a été établi qu'en

LA GENÉALOGIE DONDEL.

« La grande Compagnie des Indes, parvenue à un immense développement dès 1733, se trouvait trop à l'étroit dans le parc et dans l'enclos. Elle conçut donc le dessein d'étendre son arsenal sur la partie du territoire du Faouëdic, ancienne propriété de la Compagnie de Saint-Domingue, et de relier l'ensemble par des travaux de dessèchement et par des digues sur les vastes marais séparant les deux parties.

» Elle fit en conséquence l'acquisition du Blanc. Mais elle n'entra point en possession, parce que le prince de Guémené exerça le retrait féodal... (p. 247.)

» Veut-on savoir quel heureux effet eut en pour la Compagnie et pour Lorient la propriété du Blanc laissée aux mains de cette compagnie, et par contre ce que produisit dans le présent comme dans l'avenir ce malheureux retrait féodal exercé par le prince de Guémené ?

» C'était dans les grands jours de prospérité de la Compagnie des Indes,

» Cette Compagnie eût établi des ateliers et des cales que vingt ans plus tard elle se vit obligée de créer à Caudan. Autour de ce nouvel établissement, de ces nouveaux chantiers, se fussent groupés des industriels, des

1755); et autour de ce nouvel enclos, de ces nouveaux chantiers, la population ouvrière, puis les cabaretiers, les logeurs, les marchands, n'eussent pas manqué de se grouper. Un faubourg devenait ainsi la conséquence de cet état de choses; et dans le tracé des fortifications de la ville et de l'arsenal, on eût été obligé quelques années plus tard d'en tenir compte, pour protéger, sinon le faubourg, du moins cette succursale de l'enclos de la Compagnie.

» Et ce n'est pas tout. Le commerce local de Lorient, qui a souffert si longtemps, à défaut de port particulier, de l'obligation de charger et décharger ses navires en pleine rade, trouvant place à côté de la Compagnie des Indes, sur les rives du Scorff, n'eût pas dès cette époque formé le projet, réalisé récemment seulement, de créer à prix d'or le port de commerce que nous connaissons....

» *Ainsi vont les choses : un fait bien insignifiant en apparence a changé le courant du développement de l'arsenal et de la ville de Lorient.* » (P. 36-37.)

marchands, des hommes de toutes les professions, c'était la création d'un nouveau centre de population active et laborieuse, s'aditant au grand centre de la cité. Et lors du tracé des fortifications de la ville et de l'arsenal, on eût pris en considération ce nouveau centre de population et ainsi étendu l'enceinte des fortifications.

» Ajoutons que le commerce particulier de Lorient a souffert considérablement et longtemps du manque d'un port spécial. Il était obligé de charger et décharger ses navires en pleine rade. Ce commerce, au contraire, trouvant place à côté de la Compagnie des Indes, sur les rives du Scorff, n'aurait pas eu à créer à prix d'or le port dont il avait un impérieux besoin, et qui n'a été réalisé que depuis un petit nombre d'années.

» Voilà les tristes effets que produisit le retrait féodal exercé par le prince de Guémené, et qu'avait répudié dans l'intérêt de son pays le seigneur du Faouëdic.

» *Et des historiens prévenus en faveur du prince ne voient dans ses agissements qu'un fait bien insignifiant, et cependant ce fait, si insignifiant, a retardé et changé le courant des choses !!*

» Quelque sincère que l'on soit envers soi-même, à quelles erreurs, à quelles illusions entraine la puissance de la préoccupation ou de la prévention ! » (P. 251.)

C'est comme j'avais l'honneur de le dire : M. Lecoq ne se contente pas de m'emprunter des pages entières ; après s'être assimilé mes idées, il me tourne en dérision ! Je livre ces procédés allemands aux appréciations et aux réflexions du lecteur.

***

Je termine cette discussion, qui a pris des proportions plus étendues que je ne le prévoyais, bien que je l'aie restreinte aux seules questions portant une atteinte sérieuse à la vérité historique et à mon honneur d'écrivain. Que l'on m'excuse, si je n'ai pas été assez modéré en répondant aux critiques blessantes de M. Lecoq-Kerneven.

En résumé, j'ai démontré que « le grand rôle que MM. Dondel et Delapierre ont si noblement rempli dans la fondation de l'établissement de la Compagnie des Indes orientales au Faouëdic », n'a existé que dans une fausse tradition de famille et dans l'imagination de M. Lecoq-Kerneven ;

Et que ces deux notables commerçants d'Hennebont n'ont aucun titre pour figurer parmi les fondateurs de Lorient.

J'ai démontré que c'est consciencieusement, sans parti pris comme sans prévention, sans malveillance ni perfidie ; que c'est en honnête homme enfin, que j'ai écrit et signé un livre dont personne ne me contestera franchement ni sérieusement la paternité.

Quant aux autres critiques de M. Lecoq-Kerneven, je m'abstiendrai d'y répondre. Je ne relèverai pas davantage certains faits, certaines appréciations erronées ou exagérées que l'on remarque dans la généalogie Dondel, et dont l'unique garantie repose sur l'affirmation de l'auteur..... *et des traditions de famille.*

Nantes. — Imp. Vincent Forest et Émile Grimaud, place du Commerce, 4.

[illegible]

27